Mira Salm

Schüchternheit überwinden

Schüchternheit:

So befreien Sie sich in 15 Tagen von Schüchternheit und Selbstzweifeln!

Eine Schritt für Schritt Anleitung, wie Sie Schüchternheit überwinden, Selbstsicherheit aufbauen, unbeschwert Smalltalk führen und auf andere Menschen zugehen

Mira Salm

Impressum

Texte:	© Copyright by Mira Salm
Umschlag:	© Copyright by studio-fotolia.com
Verlag:	Neopubli GmbH Prinzessinnenstraße 20 10969 Berlin kontakt@epubli.de
Druck:	epubli ein Service der neopubli GmbH, Berlin

Printed in Germany

Bibliografische Information der Deutschen Nationalbibliothek

Die Deutsche Nationalbibliothek verzeichnet diese Publikation in der Deutschen Nationalbibliografie; detaillierte bibliografische Daten sind im Internet über http://dnb.d-nb.de abrufbar.

Ein Ratgeber aus der Reihe der
Mira Salm Bücher

Die Mira Salm Buchreihe macht Frauen
stark, gelassen, geliebt und glücklich

(aber natürlich dürfen auch Männer dieses
Buch lesen)

Inhalt

Warum Sie Ihre Schüchternheit überwinden sollten 4

Unsere Komfortzone und was passiert, wenn wir sie verlassen 10

Wir brauchen Gründe, um unsere Komfortzone zu verlassen – Sammeln Sie IHRE Gründe! 14

So überwinden Sie Ihre Schüchternheit in 3 Schritten 20

PRAXIS:

So sind Sie in 15 Tagen Smalltalk sicher und gehen unbeschwert auf andere Menschen zu 26

BONUS:

So überwinden Sie Selbstzweifel
in 3 Schritten 52

Schusswort 62

MEIN GESCHENK FÜR SIE:

Ein 7 Tage Übungsprogramm für
mehr Selbstliebe 74

Anhang, Haftungsausschluss, Copyright 83

Warum Sie Ihre Schüchternheit überwinden sollten

Introvertierte und schüchterne Menschen werden oft in denselben Topf geworfen. Es wird angenommen, Introversion und Schüchternheit seien ein und dasselbe, doch das stimmt so nicht.

Introversion ist eine Veranlagung, mit der wir ganz wunderbar leben und erfolgreich werden können (wenn wir wissen, wie wir als introvertierter Mensch sichtbar werden).

Schüchternheit dagegen ist eine Blockade, unter der wir in der Regel leiden.

Wenn wir introvertiert sind, haben wir von Natur aus ein geringeres Bedürfnis, mit anderen Menschen im Kontakt und im Austausch zu sein, als extrovertierte Menschen.

Schüchternheit hingegen zwingt uns dazu, uns zurückzuhalten, wo wir uns eigentlich gar nicht zurückhalten wollen. Sie erschwert es uns, mit Menschen in Kontakt zu kommen, neue Freunde oder einen Partner zu finden und auch im Beruf erfüllende Beziehungen zu unseren Kollegen und Vorgesetzten aufzubauen.

Ja, sie macht uns sogar das tägliche Leben schwer, wenn wir Hemmungen davor haben, ein notwendiges Telefonat zu führen oder im Restaurant die Bedienung zu rufen.

Diese Blockade der Schüchternheit ist keine „Typfrage“ und sie ist auch nicht angeboren, sondern sie bildet sich im Laufe meist vieler Jahre, manchmal bereits in unserer Kindheit, aufgrund von Erfahrungen, die wir gemacht haben.

Wenn wir gelobt und ermutigt wurden, wenn wir laut und nach außen gewandt waren und auf andere Menschen zugegangen sind, und wenn wir von unserer Außenwelt dafür positive Reaktionen auf unsere Art erhalten haben, wurden wir selbstsicher und konnten (und können meist auch als Erwachsene noch) befreit auf andere Menschen zugehen – selbst dann, wenn wir introvertiert sind und das Bedürfnis danach seltener verspüren als extrovertierte Menschen.

Wenn wir jedoch häufig ermahnt wurden, nicht so laut zu sein, zurückhaltender, rücksichtsvoller und vorsichtiger zu sein, wenn wir gespürt haben, dass wir andere stören, wenn wir den Kontakt zu ihnen suchen, oder wenn wir von anderen Menschen als Kinder oder als Erwachsene oft verhaltene, abweisende oder negative Reaktionen auf unsere Kontaktversuche oder unsere natürlich und unverstellte Art erlebt haben, dann werden wir aufgrund solcher Reaktionen sehr oft zurückhaltend, gehemmt und schüchtern.

Wir können dann nicht mehr wirklich frei auf Andere zuzugehen, da wir nicht mehr sicher sind, ob wir eine positive Reaktion erhalten oder wir sogar eine negative Reaktion erwarten.

Unsere Schüchternheit kann sich auf Vertreter des anderen Geschlechts begrenzen oder auch auf alle Menschen – je nachdem, welche Erfahrungen wir gemacht haben.

Doch nun die gute Nachricht:

Da Schüchternheit eben keine angeborene Veranlagung, sondern eine Blockade ist, die sich in uns gebildet hat und die mit der richtigen Technik wieder aufgelöst werden kann, können wir sie jederzeit selbst lösen und uns so von unserer Schüchternheit befreien!

In diesem Buch erhalten Sie dafür eine genaue Anleitung und Sie werden überrascht sein, dass es viel leichter ist und vor allem auch viel schneller geht, als Sie glauben!

Auch wenn Sie Jahre oder gar Jahrzehnte, vielleicht sogar Ihr ganzes Leben unter Ihrer Schüchternheit gelitten haben, können Sie sich mit der Technik aus diesem Buch in den nächsten 15 Tagen vollständig von ihr befreien und endlich vollkommen frei und ungehemmt auf Menschen zugehen, die Ihnen sympathisch sind.

Selbst extreme Schüchternheit lässt sich dauerhaft überwinden. Und Sie können endlich Kontakte knüpfen, mit wem auch immer Sie möchten!

Lassen Sie uns also gleich beginnen:

Lassen Sie mich Ihnen jetzt den spannenden und unglaublich befreienden Weg zu Ihrem neuen ICH zeigen, in dem SIE bestimmen, mit wem Sie Kontakte knüpfen, Smalltalk führen oder sich unterhalten und auch, mit wem Sie Freundschaften und Beziehungen aufbauen.

Wenn Sie dieses Buch gelesen haben, müssen Sie nie mehr darauf warten, dass andere Menschen auf Sie zugehen.

Sie gehen einfach selbst auf Andere zu und können endlich mit den wirklich interessanten Menschen Kontakte aufbauen und Beziehungen eingehen.

Viel Spaß bei der Lektüre!

Ihre Mira Salm

Unsere Komfortzone und was passiert, wenn wir sie verlassen

Bevor ich Ihnen zeige, wie Sie Ihre Schüchternheit überwinden, möchte ich Ihnen erklären, wie Sie sich aus Ihrer Komfortzone herauswagen und warum Sie das auch tun sollten.

Sie ist es nämlich, die uns immer wieder zurück hält, wenn wir uns vornehmen, dass wir etwas in unserem Leben verändern möchten.

Unsere Komfortzone ist der Bereich, in dem wir uns auskennen und uns wohlfühlen, in dem und die Dinge leicht fallen und wir uns nicht überwinden müssen.

Sie ist bei jedem Menschen unterschiedlich groß und verändert sich im Laufe unseres Lebens. Und sie kann von uns ganz bewusst erweitert werden.

Jedes Mal, wenn wir uns in eine neue Situation begeben oder etwas tun, vor dem wir Angst haben, verlassen wir unsere Komfortzone und begeben uns in die Lernzone.

Die Lernzone ist der Bereich, in dem wir unsere Fähigkeiten erweitern, Blockaden lösen und besser werden können.

Dahinter befindet die Panikzone. In sie geraten wir, wenn wir uns zu weit aus unserer Komfortzone herauswagen.

Ängstliche Menschen haben die Tendenz, in ihrer Komfortzone zu bleiben.

Mutige Menschen haben die Tendenz, sich aus der Komfortzone heraus in ihrer Lernzone zu bewegen. Sie fühlen sich gefordert, aber auch lebendig in der Lernzone, während ängstliche Menschen die unbekannte Lernzone als besonders bedrohlich erleben.

Nehmen wir an, Sie haben aufgrund Ihrer Schüchternheit Angst davor, fremde Menschen anzurufen.

Wenn Sie mit einem alten Freund telefonieren, dann sind Sie in Ihrer Komfortzone, in der Sie sich wohl fühlen.

Wenn Sie in einem Restaurant anrufen müssen um eine Reservierung zu machen, müssen Sie sich aus Ihrer Komfortzone hinaus in die Lernzone bewegen und das kostet Sie bereits Überwindung.

Wenn Sie nun allerdings für Ihre Firma eine internationale Telefonkonferenz mit der Management-Etage aller Konsortialpartner Ihres Unternehmens aufsetzen müssten, um die Vertragsverhandlungen für einen Multi-Millionen-Auftrag zu leiten, dann wären Sie wahrscheinlich in Ihrer Panikzone.

Wenn wir unsere Komfortzone erweitern und damit die Angst vor bestimmten Situationen allmählich abbauen wollen, dann müssen wir uns überwinden und uns täglich ein Stück aus unserer Komfortzone heraus in die Lernzone wagen.

Aber eben immer nur ein kleines Stück! Meiden Sie die Panikzone (besonders am Anfang) wie der Teufel das Weihwasser, denn sie wird Ihnen so große Angst machen und Sie werden durch die Überforderung wahrscheinlich tatsächlich kleinere oder größere Misserfolge erleiden, dass Sie ganz schnell wieder in Ihrer Komfortzone zurück sind und sich weigern werden, diese noch einmal zu verlassen. Dadurch wird der Widerstand, Ihre Blockade abzubauen, also noch größer.

Wir brauchen Gründe, um unsere Komfortzone zu verlassen – sammeln Sie IHRE Gründe

Wie aber können wir uns dazu motivieren, unsere Komfortzone zu verlassen, wenn wir uns doch offensichtlich außerhalb von ihr nicht wohl fühlen?

Unsere Komfortzone zu verlassen und sie dadurch zu erweitern kostet uns Überwindung und wir Menschen suchen von Natur aus immer zuerst den einfachen, bequemen Weg.

Um uns zu etwas Unangenehmem zu überwinden, brauchen wir daher gute GRÜNDE.

Unser WARUM (unsere Motivation) muss stärker sein, als der Widerstand den wir verspüren. Wir benötigen also SEHR gute Gründe!

„Wenn Du ein WARUM zum Leben hast, erträgst Du jedes WIE“ sagte schon Friedrich Nietzsche.

Diese Worte können wir auf jede Aufgabe übertragen, der wir uns im Leben stellen möchten. Sei es, unsere Schüchternheit zu überwinden, oder etwas anderes zu schaffen, zu dem wir uns überwinden müssen.

Wenn wir einmal unser WARUM dafür gefunden haben, dann werden wir uns überwinden und bereit sein, den Preis dafür zu bezahlen.

Deshalb möchte ich Sie dazu inspirieren, sich, bevor wir mit der praktischen Strategie zur Überwindung von Schüchternheit beginnen, IHR persönliches WARUM, IHREN GRUND, warum Sie Ihre Schüchternheit überwinden wollen und müssen, ganz deutlich bewusst zu machen.

Sie werden merken, dass es Ihnen, sobald Sie Ihr WARUM vor Augen haben, VIEL leichter fallen wird, sich in den kommenden 15 Tagen jeden Tag ein kleines bisschen zu überwinden und sich aus Ihrer Komfortzone heraus zu wagen.

Bitte beantworten Sie daher doch jetzt gleich einmal schriftlich für sich die folgenden drei Fragen:

1. Woran hindert mich meine Schüchternheit? (mindestens 5 Dinge notieren)
2. Was würde ich gerne erreichen/bekommen, wenn ich nicht mehr schüchtern bin? (mindestens 3 Dinge, besser 5 notieren)
3. Welche Dinge werde ich konkret in Angriff nehmen, sobald ich nicht mehr schüchtern bin (mindestens 5 Dinge notieren).
   Zum Beispiel: Eine Frau/einen Mann ansprechen oder kennenlernen, meine Kollegen besser kennenlernen, mich endlich mit diesem interessanten Menschen in meinem Verein unterhal-

ten, was ich mich bisher einfach nicht traue)

Meine Gründe

Meine Gründe

So überwinden Sie Ihre Schüchternheit in 3 Schritten

Nun, da Sie Ihre Gründe haben, sich aus Ihrer persönlichen Komfortzone heraus zu wagen, geht es an die praktische Umsetzung.

Sie werden dazu in diesem Kapitel drei Übungen bekommen, die Sie in den nächsten 15 Tagen täglich durchführen sollten.

Im nächsten Kapitel werden Sie zudem eine genaue 15 Tage Schritt für Schritt Anleitung bekommen, die Sie auch genauso umsetzen sollten.

Dieses Programm umzusetzen, kostet Sie für die nächsten 15 Tage etwa fünf Minuten Zeit am Tag und es wird Sie ganz einfach, aber gründlich von Ihrer Schüchternheit befreien.

Sie werden dafür jeden Tag ein kleines Stück (aber nicht sehr weit) aus Ihrer Komfortzone heraus gehen müssen.

Seien Sie hier aber wirklich konsequent. Um Ihren Widerstand abzubauen und es Ihnen zu erleichtern, die Übungen auch wirklich zu machen, sehen Sie sich bitte in diesen 15 Tagen zusätzlich JEDEN Tag einmal (zum Beispiel direkt nach dem Aufwachen) Ihre Notizen zu Ihrem WARUM an.

Übung1

Stellen Sie sich in wenigen Zentimetern Abstand vor einen Spiegel und sehen Sie sich zwei Minuten lang unentwegt in die Augen. Wenn Sie wollen, können Sie sich einen Wecker stellen.

Sie werden den Impuls spüren, den Blick abzuwenden. Widerstehen Sie diesem Impuls und bleiben Sie mit Ihrem Blick unbeirrt bei sich. Schauen Sie sich nicht ins Gesicht, sondern in die Augen.

Es gibt kaum eine Übung, die uns so gut mit uns selbst in Verbindung bringt und bei regelmäßiger Anwendung unser Selbstwertgefühl, unsere Selbstliebe und auch unsere Selbstsicherheit so bedeutend stärkt wie diese.

Übung 2

Notieren Sie jeden Abend vor dem Zubettgehen drei Gründe, warum Sie gut mit anderen Menschen umgehen können.

Es gibt immer Gründe! Und zwar sehr viele!

Schreiben Sie zum Beispiel Dinge wie „Weil ich gut zuhören kann“, „weil ich Andere wirklich verstehen kann“, „weil ich mit Anderen mitfühlen kann“, „weil ich herzlich und warm mit Anderen bin“, weil ich in Konflikten diplomatisch sein kann“ und und und....

Sie trainieren dadurch, Ihre Wahrnehmung auf Ihre Stärken und Ihre positiven Fähigkeiten zu richten, anstatt sich auf Ihre Schüchternheit zu konzentrieren und stärken so sehr schnell Ihr Selbstvertrauen.

Übung 3

Schreiben Sie jeden Abend vor dem Zubettgehen Ihren Erfolg bei Ihrer heutigen Aufgabe aus dem kommenden Kapitel (dem 15 Tage Programm) auf.

Deuten Sie dabei die Situation so positiv und erfolgreich wie irgend möglich. Schreiben Sie NICHT auf, was noch nicht so gut geklappt hat, sondern schreiben Sie nur auf, was GUT geklappt hat und ein Erfolgserlebnis für Sie war.

Sie trainieren dadurch ebenfalls, Ihre Wahrnehmung auf Ihre Stärken und Ihre Erfolge zu richten und stärken so Ihr Selbstvertrauen immer weiter.

PRAXIS

So sind Sie in 15 Tagen Small-Talk sicher und gehen unbeschwert auf andere Menschen zu

Sie werden mit diesem Programm in den nächsten 15 Tagen jeden Tag mit neuen, zum Teil fremden, Menschen sprechen.

Und Sie werden diese Gespräche selbst in die Wege leiten.

Aber keine Sorge, ich zeige Ihnen, wie das ganz einfach und in so kleinen Schritten geht, dass Sie das Programm, auch wenn Sie SEHR schüchtern sind, einfach umsetzen können.

Sie werden außerdem sehen, dass mit jedem Tag Ihre Hemmschwelle sinken und Ihre Komfortzone weiter wachsen wird.

In zwei Wochen wird Ihnen das so leicht fallen, dass Sie gar nicht mehr verstehen werden, wie Ihnen der Kontakt mit fremden Menschen einmal Schwierigkeiten bereiten konnte.

Übung macht den Meister, also legen wir los...

Tag 1

Fragen Sie einen Fremden auf der Straße nach dem Weg zu einem nahen und einfachen Ziel (auch wenn Sie den Weg kennen).

Fragen Sie in einem kurzen, aber freundlichen Satz, hören Sie sich die Antwort an, bedanken Sie sich und gehen Sie weiter.

Fassen Sie sich kurz. Sie müssen nur einen kurzen Satz sagen.

Tag 2

Setzen Sie sich für 30 Minuten alleine in ein gut besuchtes Cafe. Setzen Sie sich neben jemanden, der einen Kuchen oder etwas zu essen bestellt hat (er sollte nicht nur einen Kaffee oder eine Cola trinken).

Fragen Sie diesen Menschen freundlich, aber knapp, ob der Kuchen/Salat/Hauptgang, den er bestellt hat, zu empfehlen ist.

Hören Sie sich die Antwort an, lächeln Sie, bedanken Sie sich freundlich und wenden Sie sich dann wieder Ihrem eigenen Tisch zu, ohne noch einmal zurück zu sehen.

Tag 3

Machen Sie heute einen kleinen beiläufigen Scherz mit einem Menschen, den Sie nicht oder nur wenig kennen.

Sagen Sie einfach irgendetwas Lustiges, das gerade zur Situation passt. Das kann ein fremder Kollege sein, den Sie im Aufzug oder in der Kaffeeküche antreffen, oder die Kassiererin im Supermarkt, während Sie Ihre Einkäufe scannt oder wer auch immer.

Alternativ kann es auch jemand sein, den Sie zwar kennen, vor dem Sie aber normalerweise sehr schüchtern und gehemmt sind, zum Beispiel der Geschäftsführer Ihrer Firma, den Sie hin und wieder im Aufzug treffen, oder ein anderes „hohes Tier“ in Ihrem Büro, vor dem Sie Respekt haben.

Testen Sie, ob Sie diesen Menschen mit Ihrem kleinen situationsbedingten Scherz zu einem Lächeln bewegen können.

Wenn nicht, wiederholen Sie die Übung mit einer anderen Person (und vielleicht einem anderen Scherz).

Tag 4

Tragen Sie heute in einer Gruppe von mindestens 4 Personen (die Ihnen nicht sehr vertrauet sind, also nicht Ihre Familie) etwas zum gemeinsamen Gespräch bei.

Ein einziger Satz reicht zunächst einmal vollkommen aus.

Das kann bei einem Teammeeting in der Firma, oder beim gemeinsamen Mittagessen in der Kantine, bei einem Schwatz in der Kaffeeküche oder auch bei einem Stammtischtreffen oder in Ihrem Verein sein.

Nur ein einziger Satz, das genügt für heute.

Tag 5

Überwinden Sie sich heute dazu, einen Menschen, den Sie mögen oder einigermaßen sympathisch finden und bereits kennen, zu einer gemeinsamen Unternehmung einzuladen.

Es sollte etwas kleines sein (zum Beispiel einmal zusammen einen Kaffee oder ein Bier zu trinken oder einmal zusammen in die Mittagspause zu gehen) und Sie sollten es nebenbei formulieren und so, dass der Andere nicht direkt darauf antworten muss.

Sagen Sie zum Beispiel zu einem netten Kollegen oder einer Kollegin am Ende eines netten Gesprächs ganz locker und unverbindlich „Okay, ich muss mal wieder an meinen Platz weiter arbeiten ;) Wir können gerne mal nach Feierabend einen Kaffee trinken gehen und ein bisschen quatschen."

Oder „Wir können gerne mal in der Mittagspause zusammen in den neuen Sushi-Laden gehen“ oder was auch immer in Ihrer Situation passend ist. Gehen Sie dann weg, um keinen Druck bei Ihrem Gegenüber zu erzeugen.

Wahrscheinlich wird Ihr Gesprächspartner sehr viel positiver auf Ihr Angebot reagieren, als Sie erwartet hätten – und Sie haben das Gespräch und sogar den Verlauf Ihrer Bekanntschaft selbst in die Hand genommen und können SEHR stolz auf sich sein!

Übrigens auch wenn der Andere nicht darauf eingeht (das passiert auch extrovertierten Menschen – die machen sich bloß nicht sehr viel daraus).

Tag 6

Heute steigern wir den Schwierigkeitsgrad ein bisschen. Sehen Sie sich direkt vor dieser Übung bitte noch einmal Ihre Gründe an, warum Sie Ihre Schüchternheit überwinden wollen.

Sehen Sie sich im Internet Stellenangebote zu Ihrem Beruf an (auch wenn Sie mit Ihrem Job vollkommen glücklich sind und nicht vorhaben, ihn zu wechseln).

Rufen Sie dann zu drei Stellen den in der Anzeige angegebenen Ansprechpartner aus der Personalabteilung kurz an.

Sie müssen nicht länger als 2 Minuten mit ihm sprechen.

Sagen Sie ihm, dass Sie sich für die Stelle interessieren und Sie gerne in Erfahrung bringen möchten, welche Berufserfahrung dafür ganz konkret gewünscht wird (zum Beispiel wieviele Jahre, in welcher Branche etc).

Wenn Sie die Information haben, bedanken Sie sich höflich und beenden das Gespräch.

Das kostet zu Beginn viel Überwindung, wird Sie aber einen Quantensprung nach vorne bringen! Tun Sie es daher wirklich!! Wenn es Ihnen sehr schwer fällt, sich zu überwinden, erinnern Sie sich daran:

Sie werden ohnehin nie wieder mit der Person am anderen Ende der Leitung sprechen und brauchen auch nichts von ihr, Sie wollen diesen Job ja gar nicht.

Falls Sie sich also blamieren sollten (was ganz sicher nicht passiert), dann wäre das vollkommen egal.

Tag 7

Tragen Sie heute in einer Gruppe von mindestens 4 Personen, besser mehr (zum Beispiel im Büro bei einem internen Meeting oder in der Kantine) etwas zum Gespräch bei und sorgen Sie dafür, die Aufmerksamkeit der Gruppe mindestens eine Minute auf Sie gerichtet zu halten.

Sie können zum Beispiel etwas vorschlagen oder einen Witz machen und dann auf die Reaktion der Anderen hin wieder etwas sagen, und zwar so laut, dass wirklich alle Sie wahrnehmen.

Anschließend dürfen Sie sich für Ihren Mut mit einem kleinen Geschenk belohnen.

Tag 8

Tun Sie heute in der Öffentlichkeit etwas, das die Blicke der anderen auf sich zieht. Machen Sie zum Beispiel eine kleine Dehnübung, oder tun Sie etwas anderes. Sie müssen damit nicht negativ auffallen, aber Sie müssen dafür sorgen, dass Andere Sie wahrnehmen, vielleicht etwas über Sie denken (oder auch nicht) und lernen, ihre Aufmerksamkeit auszuhalten.

Tag 9

Gehen Sie wieder in ein gut besuchtes Cafe und trinken Sie etwas.

Wenn Sie bezahlen wollen, dann rufen Sie den Kellner, während er gerade ein Stück von Ihnen entfernt ist, sodass Sie so laut rufen müssen, dass sich mindestens 3 andere Gäste nach Ihnen umdrehen oder Sie zumindest wahrnehmen.

Diese Situation ist die normalste auf der Welt und wir finden es überhaupt nicht schlimm, wenn andere das tun, und doch haben schüchterne Menschen damit selbst ein Problem. Trauen Sie sich also und fallen Sie einmal auf.

Tag 10

Fragen Sie wieder einen Fremden auf der Straße nach dem Weg zu einem nahen und einfachen Ziel (auch wenn Sie den Weg kennen).

Es sollte diesmal ein Vertreter des anderen Geschlechts sein, der ungefähr in Ihrem Alter ist. Und er sollte Ihnen ziemlich gut gefallen.

Fragen Sie ihn wieder in einem kurzen, aber freundlichen Satz nach dem Weg, hören Sie sich die Antwort an, bedanken Sie sich und gehen Sie weiter. Fassen Sie sich kurz. Sie müssen nur einen kurzen Satz sagen.

Tag 11

Machen Sie heute einem Vertreter des anderen Geschlechts ein kleines Kompliment. Das kann ein Fremder sein (zum Beispiel der Barkeeper oder die Kassiererin) oder auch ein Mensch, den Sie kennen.

Sagen Sie ihm in einem kurzen Nebensatz, wie selbstverständlich und ohne großes Aufheben etwas, das Sie an ihm gut finden (das kann, muss aber nicht auf Äußerlichkeiten bezogen sein), und jetzt kommt der entscheidende Punkt:

Erwarten Sie KEINE Reaktion.

Die meisten Menschen sind ebenfalls unsicher und wissen nicht, wie sie auf ein Kompliment reagieren sollen. Wenn Ihr Gegenüber spürt, dass Sie eine Reaktion von ihm hören wollen, wird er oder sie sich unter Druck fühlen. Sagen Sie es deshalb einfach nebenbei, so als wäre es nicht sehr wichtig für Sie.

Am leichtesten geht das, wenn Sie Ihr Kompliment nicht machen, während Sie ihm gerade gegenüber sitzen und ihm in die Augen sehen (damit haben auch nicht schüchterne Menschen Schwierigkeiten), sondern ganz nebenbei.

Sie könnten zum Beispiel Ihrem Kollegen, während Sie gerade zusammen durch das Treppenhaus zur Kantine laufen, sagen „Weißt Du was ich übrigens an Dir gut/cool/sympathisch finde? Dass Du immer freundlich zu allen bist, auch wenn Du mit jemandem nicht viel anfangen kannst", oder Sie sagen, während Sie Ihre Einkäufe an der Kasse im Supermarkt einpacken, ganz nebenbei zur Kassiererin, und zwar direkt bevor Sie gehen: „Sie sind schön geschminkt" oder „Sie haben schöne Haare".

Glauben Sie mir: Wenn Sie als Mann so etwas zu einer Frau sagen und dieses Kompliment ernst meinen (es muss natürlich der Wahrheit entsprechen und glaubwürdig sein), OHNE sie damit ansprechen oder irgendetwas von ihr zu wollen, sondern anschließend einfach weiter gehen, dann wird sie Sie dafür LIEBEN und sie wird anschließend über Sie nachdenken (auch wenn sie aus Unsicherheit oder Überraschung im ersten Moment abweisend oder gar nicht reagiert).

Genauso freut sich aber auch ein Mann über ein ernstgemeintes Kompliment von einer Frau, das Anerkennung ausdrückt, ohne dass sie irgendetwas von ihm erwartet oder sich heimlich etwas von ihm erhofft.

Tag 12

Unterhalten Sie sich heute mit irgendeinem Fremden für ein oder zwei Sätze. Machen Sie also Small Talk.

Das kann im Supermarkt an der Kasse, in der Bahn oder im Flugzeug mit Ihrem Nebensitzer oder mit dem Schaffner, oder mit einem fremden Kollegen oder Besucher in Ihrer Bürokantine sein.

Wählen Sie dafür eine Person aus, die ebenfalls alleine ist. Sie müssen nicht gleich mit einer ganzen Gruppe Small Talk halten. Egal wer, aber es muss ein Fremder sein, den Sie noch nie gesehen haben.

Sagen Sie einfach einen einzigen netten oder lustigen Satz, der gerade in die Situation passt. Oder sagen Sie etwas Verständnisvolles.

Wenn keine Reaktion kommt (was manchmal passiert und nicht an Ihnen, sondern am Anderen liegt - manche Menschen können nicht auf Small Talk reagieren, sind unsicher, oder sehr in ihren eigenen Gedanken, Sorgen und Terminen gefangen) dann machen Sie es in einer weiteren Situation noch einmal. Solange, bis sie eine Reaktion bekommen.

Tag 13

Wiederholen Sie heute die Übungen von Tag 12 und Tag 11.

Tag 14

Wiederholen Sie heute die Übungen von Tag 12 und Tag 8.

Tag 15

Wiederholen Sie heute die Übungen von Tag 12 und Tag 6.

Und nach den 15 Tagen?

Machen Sie die Übung von Tag 12 zu Ihrem täglichen Ritual. Zu einer Erfolgsgewohnheit, die Sie Ihre neue Selbstsicherheit und Ihre Small Talk Fähigkeit auch auf Dauer beibehalten und immer weiter ausbauen und zur Routine werden lässt.

Das wird Sie ab dem 16. Tag auch keine (oder kaum) Überwindung mehr kosten. Tun Sie es aber wirklich jeden Tag!

Ganz egal worüber Sie sprechen und ob es nur ein einziger Satz ist, Sie werden schon nach sehr kurzer Zeit merken, dass es Ihnen immer leichter fällt, mit Fremden in Kontakt zu treten und die Erfahrung machen, dass Menschen positiv auf Sie reagieren.

Das wird Sie ermutigen, mit der Zeit auch noch offener und interessierter auf neue Menschen zuzugehen. Und zwar nicht laut und extrovertiert, sondern ruhig und auf Ihre ganz eigene Weise – aber eben vollkommen angstfrei. Sei es in Ihrem Job, bei einem neuen Hobby oder in Ihrem Bekanntenkreis - oder im Flugzeug, in der Bahn oder im Cafe...

Hören Sie damit nicht auf, sondern investieren Sie von jetzt an jeden Tag 5 Minuten in den Gedanken daran, was Sie anderen zu bieten haben UND in ein kurzes Gespräch von ein bis zwei Sätzen mit einem fremden Menschen.

BONUS

SELBSTZWEIFEL ÜBERWINDEN

So überwinden Sie Selbstzweifel in 3 Schritten

Schüchterne Menschen werden häufig von Selbstzweifeln geplagt, denn sie haben erleben müssen, dass man ihnen irgendwann in ihrem Leben, sei es im Elternhaus, in der Schule, im Beruf oder in ihren Liebesbeziehungen das Gefühl gegeben hat, sie seien nicht richtig, so wie sie sind, oder sie hätten etwas falsch gemacht.

Aus diesem Grund möchte ich Ihnen in diesem Buch einen kleinen Bonus schenken: Eine 3 Schritte-Anleitung, mit der Sie sich von Selbstzweifeln befreien!

Wenn Sie hin und wieder von Selbstzweifeln geplagt werden, dann setzen Sie dieses kleine Programm einfach parallel zu Ihrem Programm gegen die Schüchternheit um.

Sie benötigen auch dafür nur wenige Minuten täglich.

Nehmen Sie sich die Zeit dafür, überwinden Sie sich zu Beginn ein kleines bisschen und lesen Sie die Übungen nicht nur, sondern machen Sie sie wirklich!

Wissen alleine kann nichts in uns verändern - nur <u>angewandtes</u> Wissen kann das! Sie müssen es umsetzen!

Tun Sie es für SICH und befreien Sie sich ein für alle Mal von Ihren Selbstzweifeln! Sie waren ohnehin noch nie berechtigt.

Und hier sind die drei Schritte, mit denen Sie das tun können:

Schritt 1

Es ist wichtig, dass Sie lernen, Ihre Gedanken selbst zu steuern und den Blick hin und wieder ganz bewusst von sich selbst auf Ihre Außenwelt zu lenken.

Menschen, die von Selbstzweifeln geplagt werden, beziehen viele Ereignisse ihrer Außenwelt fälschlicherweise auf sich. Sie glauben dann, sie hätten etwas falsch gemacht, jemanden verärgert oder enttäuscht, auch wenn die Reaktion ihres Gegenübers ganz andere Gründe haben kann, die nichts mit ihnen zu tun haben.

Solche Gedanken bremsen und hemmen sie und machen sie klein, und sie sind sehr oft vollkommen unberechtigt.

Da schüchterne Menschen meist weniger sichtbar sind als die weniger schüchternen und daher auch weniger Bestätigung von ihrer Außenwelt bekommen, verfestigen sich solche von ihrem Verstand selbst produzierten

Selbstzweifel ganz besonders bei schüchternen Menschen oft immer weiter.

Achten Sie deshalb ab heute darauf, wann sich Gedanken bei Ihnen einschleichen wie zum Beispiel, dass Andere Sie nicht mögen, Sie ablehnen, unzufrieden oder enttäuscht mit und von Ihnen sind.

Fragen Sie sich, sobald ein solcher Gedanke in Ihnen auftaucht:

Kann ich mir ganz sicher sein, dass dieser Mensch mich wirklich so sieht oder könnte es für sein Verhalten einen anderen Grund geben?

Welche alternative Erklärung könnte es für sein Verhalten geben? (vielleicht hat er gerade selbst Sorgen, ist im Stress, stand gerade eine Stunde im Stau oder hat sich über jemanden oder etwas ganz anderes geärgert).

Mit dieser alternativen Erklärung relativieren Sie sofort den Selbstzweifel, der sich in Ihnen zeigt und programmieren Ihr Gehirn darauf, Situationen anders (und für Sie positiver) zu interpretieren und dadurch auch andere Schlüsse über sich selbst und Ihre Wirkung auf die Außenwelt zu ziehen.

Mit der Zeit werden Sie durch diese ständige Neuprogrammierung Ihres Gehirns (bei dem sich übrigens unser Gehirn auch physisch messbar verändert, wie inzwischen in Studien nachgewiesen wurde) immer seltener Selbstzweifel in Ihnen zeigen, denn Ihre Selbstzweifel sind nichts anderes, als eine negative Interpretation einer beliebigen Situation, die man auch vollkommen anders interpretieren könnte.

Schritt 2

Wenn Sie in einem ganz bestimmten Bereich und in Bezug auf eine bestimmte Fähigkeit von Selbstzweifeln geplagt werden (zum Beispiel bei Ihrer Fähigkeit, sich zu präsentieren, auf andere Menschen zuzugehen, Ihre Interessen durchzusetzen oder was auch immer es sei), dann können Sie diese Selbstzweifel ablegen, indem Sie ganz gezielt und systematisch neue Beweise sammeln.

Und zwar Beweise dafür, dass Sie mit Ihren Selbstzweifeln unrecht haben – und dass Sie sehr wohl in der Lage sind, sich gut zu präsentieren, auf andere Menschen zuzugehen, Ihre Interessen durchzusetzen und so weiter.

Positives Denken reicht dafür allerdings nicht aus. Denn wenn Sie bisher negative Erfahrungen in diesen Situationen gemacht haben, dann wird Ihr Verstand Ihnen Ihre positiven Affirmationen zu recht nicht glauben. Ihr Verstand braucht handfeste Gegenbeweise.

Und die müssen und können Sie ganz einfach für ihn sammeln.

Und zwar, indem Sie sich jeden Tag ein kleines Stück aus Ihrer Komfortzone heraus wagen und sich überwinden, genau das zu tun, wo Sie von Selbstzweifeln geplagt werden.

Überfordern Sie sich aber nicht, sondern gehen Sie immer nur einen ganz kleinen Schritt. Das allerdings jeden Tag für die nächsten 30 Tage.

Für einen Menschen, dem es beispielsweise schwer fällt, sich in einer Gruppe zu Wort zu melden, reicht es schon aus, wenn er sich am ersten Tag in einer Gruppe von 4 Kollegen beim Mittagessen in der Kantine mit einem einzigen Satz zu Wort meldet, am zweiten Tag vielleicht in einem Gespräch mit seinem Chef proaktiv einen Vorschlag äußert, und am dritten Tag in einem Teammeeting mit 8 Kollegen einen Gedanken, einen Einwand oder eine Idee äußert.

Fangen Sie in jedem Fall einfach an (und zwar so, dass Sie sich jeden Tag nur ein KLEINES bisschen überwinden müssen) und steigern Sie den Schwierigkeitsgrad jeden Tag weiter.

Sie werden merken, dass Sie schon bald sehr, sehr stolz auf sich sein und sich selbst mit ganz anderen Augen sehen werden!

Wenn Sie diesen zweiten Schritt umsetzen und sich wirklich diszipliniert JEDEN Tag überwinden und sich ein Stück aus Ihrer Komfortzone herauswagen, werden Ihre Selbstzweifel nach 30 Tagen verschwunden sein.

Entwerfen Sie einen 30 Tage Plan, in dem Sie festlegen, welche Beweise Sie sammeln werden (und wie), um Ihre ganz persönlichen Blockaden zu überwinden, die Ihnen Selbstzweifel bereiten, und die nötigen Fähigkeiten dafür zu entwickeln.

Sie benötigen dafür zu Beginn etwas Disziplin, aber es sind ja nur 30 Tage und die Ergebnisse, die Sie damit erzielen werden, sind so bahnbrechend und so befreiend, dass Sie bereits nach wenigen Tagen Ihren Plan weiter umsetzen wollen werden – das verspreche ich Ihnen!

Schritt 3

Der dritte Schritt ist ganz einfach und sehr angenehm umzusetzen:

Führen Sie 30 Tage lang ein Erfolgsjournal. Notieren Sie darin jeden Abend drei Dinge, die Ihnen an diesem Tag gut gelungen sind (Stichworte genügen). Das können auch kleine Erfolge sein.

Seien Sie damit wirklich konsequent und tun Sie das einen Monat lang.

Diese einfache Übung lenkt Ihre Aufmerksamkeit nämlich tagtäglich konsequent von dem, was Sie an sich zweifeln lässt immer wieder hin zu Ihren Erfolgen, Ihren Stärken und Ihren Fähigkeiten und schenkt Ihnen dadurch bereits nach kurzer Zeit mehr Selbstsicherheit, Stolz und Selbstvertrauen.

Schlusswort

Sie haben nun das Wissen, das Sie benötigen, um Ihre Schüchternheit ein für alle Mal zu überwinden und eine praktische Anleitung für die Umsetzung.

Nun müssen Sie sie jedoch umsetzen, sonst wird sich nichts verändern...

Da ich aus Erfahrung weiß, wie unangenehm es den meisten Menschen ist, die Anfangshürde zu überwinden und den Schritt aus ihrer Komfortzone heraus zu wagen, möchte ich Sie an dieser Stelle noch einmal motovieren:

Sie werden erst wissen, wie mächtig die Übungen aus diesem Buch sind und wie unerwartet stark Sie sich dadurch verändern werden, wenn Sie sie umgesetzt haben!

Sorgen Sie dafür, dass Sie dieses Buch nicht umsonst gelesen haben!

Beginnen Sie noch HEUTE.

Befreien Sie sich mit den Übungen aus dem Bonuskapitel von Selbstzweifeln, beginnen Sie mit den drei Schüchternheitsübungen und beginnen Sie ebenfalls noch heute mit der ersten Übung Ihres 15 Tage-Small Talk Trainings.

Sie benötigen für all das zusammen nur wenige Minuten am Tag. Aber Sie müssen es TUN.

Die gute Nachricht ist:

Der Anfang mag Sie zwar etwas Überwindung kosten, aber es wird mit jedem Tag viel, viel leichter und schon in 15 Tagen werden Sie von Ihrer Schüchternheit vollkommen befreit sein.

Sie werden sich vollkommen anders fühlen als heute und ganz neue Möglichkeiten im Leben haben!

Fangen Sie also an, Ihr Leben wirklich zu leben!

Und nun wünsche ich Ihnen von Herzen alles Gute!

Bis bald, liebe Leserin, und denken Sie an unsere gemeinsame Mission:

Werden und bleiben Sie stark, gelassen, geliebt und glücklich. Und leben Sie das beste Leben, das Sie leben können. Es liegt in Ihrer Hand!

Sorgen Sie selbst für Ihren Erfolg.

Und falls Sie noch nicht die Liebe in Ihrem Leben haben, die Sie sich wünschen, dann bereiten Sie den Weg, indem Sie sich selbst lieben. Die Liebe der Anderen wird dann nicht mehr lange auf sich warten lassen...

Ihre Mira Salm

MEIN WEG

ZURÜCK

ZU MIR

Was ich ab heute anders machen werde

(meine Notizen)

Was ich noch diese Woche ändern werde

Was ich noch diesen Monat ändern werde

Was ich ab heute nie wieder tun werde

Was für ein Mensch ich sein werde

Wichtige Gedanken

Wichtige Gedanken

Wichtige Gedanken

Mein Geschenk für Sie – Ein 7 Tage Übungsprogramm für mehr Selbstliebe

Wer sich selbst liebt, der geht ganz von selbst sicherer und unbefangener auf andere Menschen zu.

In meiner Beratung gebe ich Klienten, die Ihre Selbstliebe aufbauen wollen, ein 7 Tage Übungsprogramm, mit dem sie ergänzend in fünf Minuten am Tag ihre Selbstliebe aufbauen (2 Minuten morgens und 3 Minuten abends).

Ich habe mich entschieden, Ihnen, liebe Leserin, mein Programm ebenfalls zur Verfügung zu stellen, denn es wird Sie in großen Schritten zu mehr Selbstliebe bringen und es „kostet" mich nur wenige Klicks, es Ihnen zu zusenden.

Wenn Sie das Programm haben möchten, schreiben Sie mir einfach eine E-Mail an

mirasalmbuecher@gmail.com

und ich sende es Ihnen kostenlos als pdf zu.

Und so arbeiten Sie damit:

Drucken Sie das pdf 3 Mal in Farbe oder schwarz-weiß aus und machen Sie 3 Wochen lang jeden Morgen 2 Minuten und jeden Abend 3 Minuten lang die Übungen darin. Seien Sie wirklich konsequent und nehmen Sie sich jeden Tag die Zeit dafür. Nach 21 Tagen werden Sie ein neuer Mensch sein.

P.S. Sie dürfen mir auch gerne anonym schreiben. Selbstverständlich wird Ihre E-Mail Adresse in keinen E-Mail-Verteiler aufgenommen und Sie erhalten auch später keine Werbung oder sonstige Informationen.

Ich freue mich darauf, Ihnen zu helfen. Schreiben Sie mir!

Die Mira Salm Bücher im Überblick

Selbstliebe lernen:
Der große Ratgeber für ein gesundes Selbstwertgefühl, echte Selbstannahme und bleibende Selbstliebe – Mit großem Praxisteil: Wie Du Dich selbst annimmst, Deine Selbstliebe aufbaust und sie im Alltag lebst

Selbstbewusstsein beginnt im Kopf:
Was Dich wirklich selbstbewusst macht –
Eine Schritt für Schritt Anleitung für ein starkes Selbstwertgefühl, ein gesundes Selbstvertrauen und echtes, bleibendes Selbstbewusstsein

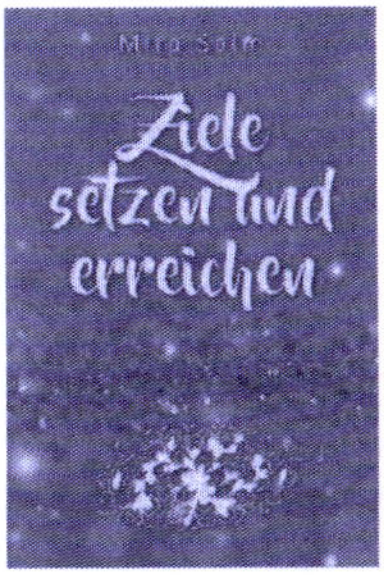

Ziele setzen und erreichen:
Wie Du Deinen eigenen Weg finden, Dir Ziele setzen und erreichen und selbstbestimmt und glücklich leben kannst – eine Schritt für Schritt Anleitung, die Dein Leben verändert

Durchsetzungsvermögen:
Die Kunst, nein sagen, Grenzen setzen, erfolgreich verhandeln und sich durchsetzen zu können ohne Schuldgefühle

Gewohnheiten:
Mit diesem Trick wirst Du ungeliebte Gewohnheiten durchbrechen und dauerhaft Deine Gewohnheiten ändern – Das Erfolgsgeheimnis

Lebensberatung:
Meine Tips für ein erfülltes Leben –
und wie auch Du Zufriedenheit und Erfüllung findest
(in 10 Schritten zu Erfüllung und Lebensfreude)

Finanzielle Freiheit:
Finanzielle Freiheit erreichen und unabhängig und selbstbestimmt vom eigenen Vermögen leben – Eine Schritt für Schritt Anleitung für Anfänger

Ordnung im Haushalt:
Entrümpeln und Ordnung im Haushalt schaffen – der 5 Minuten Trick für das perfekte Zuhause

Gelassenheit lernen:
Der große Ratgeber für mehr Gelassenheit –
Wie Du mit einem kleinen Trick sofort Deine innere Haltung verändern kannst und so Entspannung, Gelassenheit und innere Ruhe finden wirst – mit großem Praxisteil

Achtsamkeit:
Wie Du durch Achtsamkeit ganz bei Dir selbst ankommst, innere Ruhe und Gelassenheit findest und lernst, Dich zu lieben

Selbstwertgefühl stärken:
Warum Du das Beste verdienst und Dich selbst verwöhnen sollstest –
Ein Wohlfühlbuch das Deine Selbstliebe stärkt und Dich glücklich macht

Freunde finden:
Wie Du Dein Selbstbild veränderst und so ganz leicht Deine Schüchternheit überwinden, neue Freunde finden und bleibende Freundschaften aufbauen kannst – denn Freunde fürs Leben zu haben macht glücklich

Entscheidungen treffen:
Wie Du aus Kopf, Herz und Bauch heraus die richtigen Entscheidungen treffen kannst, die Dich glücklich machen – Eine Schritt für Schritt Anleitung

Glücklich sein:
So wirst und bleibst Du glücklich –
Eine Anleitung für Zufriedenheit und Glück im Leben und wie Du ganz einfach selbst dafür sorgst, dass Du glücklich bist

Anhang, Haftungsausschluss und Copyright

Was denken Sie?

Wenn Ihnen mein kleiner Ratgeber gefallen hat, freue ich mich über Ihre Bewertung bei Ihrem Buchanbieter. Eine kurze Bewertung „kostet“ Sie nur 2 Minuten, gibt mir aber meine Motivation, um weitere Ratgeber für diese Reihe zu schreiben und auch das Wissen, wie ich sie so gestalten kann, dass ich Ihnen damit am besten helfe.

Mein Ziel ist es, Frauen zu zeigen, wie sie stark, gelassen, geliebt und glücklich leben. Erzählen Sie mir in einer Rezension, was genau SIE dafür brauchen, was Ihnen bisher geholfen hat und was Ihnen noch fehlt.

Haftungsausschluss und Eigentumsrechte

Wir sind bemüht, alle Angaben und Informationen in diesem E-Book korrekt und aktuell zu halten. Trotzdem können Fehler und Unklarheiten leider nie vollkommen ausgeschlossen werden.

Daher übernehmen wir keine Gewähr für die Richtigkeit, Aktualität, Qualität und Vollständigkeit der vorliegenden Texte und Informationen.

Für Schäden, die durch die Nutzung der bereitgestellten Informationen mittelbar oder unmittelbar entstehen, haften wir nicht, solange uns nicht grob fahrlässiges oder vorsätzliches Verschulden nachgewiesen werden kann.

Alle etwaigen in diesem E-Book genannten Markennamen und Warenzeichen sind Eigentum der rechtmäßigen Eigentümer. Sie dienen hier nur zur Beschreibung der jeweiligen Firmen, Produkte oder Dienstleistungen.

Nur angewandtes Wissen ist Macht!

**Deshalb gehe ich den ersten Schritt
in mein neues Leben
noch heute...**

Druck:
Canon Deutschland Business Services GmbH
im Auftrag der KNV-Gruppe
Ferdinand-Jühlke-Str. 7
99095 Erfurt